# LES
# HONNEURS FUNEBRES
## RENDUS A LA MEMOIRE
# DU PRINCE
# DE CONDE

Therin fecit, cum privil. Regis

Doligny Sculp.

Le Camp de la Douleur, dessein de l'apareil ... funebre pour le Service Solennel faict a Monseigneur
... Prince de Condé Loüis de Bourbon Second ... du Nom premier Prince du Sang dans l'Eglise
de Nostre Dame de Paris le 10.º de ... 1687. Ses Batailles et les principales
... Actions de Sa Vie Sont representées ... avec les Medailles des Princes et
... La Royale Maison de Bourbon ... depuis Robert Comte de Clermont
... fils de St Loüis. Et le ... Mauroleé avec la representation ...

# LES
# HONNEURS FUNEBRES

RENDUS A LA MEMOIRE

## *DE TRES-HAVT, TRES-PVISSANT,*

TRES-ILLUSTRE ET TRES-MAGNANIME PRINCE

MONSEIGNEUR

# LOUIS DE BOURBON
## PRINCE
# DE CONDE'

ET PREMIER PRINCE DU SANG DE FRANCE.

Dans l'Eglise Metropolitaine de Noftre-Dame de Paris.

A PARIS,

Chez ESTIENNE MICHALLET, ruë faint Jacques, à l'Image
faint Paul, prés la Fontaine faint Severin.

M. DC. LXXXVII.
*AVEC PERMISSION.*

# DESSEIN
## DE
# L'APPAREIL.

LE TITRE d'Eglise Militante, que l'on donne à l'Eglise de la Terre, à la difference de l'Eglise du Ciel , qui se nomme Triomphante ; a fait donner à Dieu le nom de Dieu des Armées , & les Anges qui composent sa Cour sont appellez en plusieurs endroits de l'Ecriture Sainte, la Milice du Ciel. Le Patriarche Jacob leur donna ce nom, quand il s'écria les voyant venir à son secours, que c'étoient les troupes de Dieu. *Castra Dei sunt hæc.* Gen. 32.

L'Eglise est aussi en possession d'appeller la Chapelle ardente , qui sert aux funerailles des Princes, du nom de Camp de la douleur. *Castrum doloris.* Peut-être parce qu'anciennement les Representations, & les Chapelles ardentes étoient faites en forme de Tours , ou de Châteaux , & enfermées dans des Barrieres, qui avoient quelque raport à la Palissade d'un Camp.

Ce mot tiré de la Ceremonie funebre des Princes décrite dans le Pontifical Romain, a fourni le sujet de cette decoration, & l'on a crû, ne pouvoir rien trouver de plus propre, pour honorer la memoire d'un Prin-

A

ce, qui durant fa vie s'eft fi fort diftingué par fes actions Militaires. Ainfi tout cet Appareil n'eft autre chofe que le Camp de la Victoire en deüil, ou le Courage, la Valeur, la France & la Gloire même regrettent la perte du Prince de Condé. Pour ce deffein, on a fait de l'Eglife Nôtre-Dame, le Camp du Dieu des Armées, où nos Rois depuis fi long-temps confacrent les dépoüilles qu'ils enlevent à leurs Ennemis, ayant fait de cette Eglife leur Capitole, où ils font porter en Triomphe les Etendarts pris dans les batailles, & font rendre à Dieu de folennelles actions de graces pour les grands fuccés, qui accompagnent leurs Armes victorieufes.

## ENTRE'E DE L'EGLISE.

LEs Anciens décoroient de verdure & de branches d'arbres les portes des Palais, & les entrées des Camps où ils expofoient les corps des Princes & des Heros, pour leur rendre les derniers devoirs. Cette Verdure marquoit l'Efperance de la Refurrection & l'Immortalité de l'ame.

Pour imiter cet ancien ufage, on a élevé à la porte de l'Eglife Nôtre-Dame deux grands Palmiers, dont les branches entrelaffeés font naturellement un Arc de Triomphe.

Les troncs de ces Palmiers font enfilez de diverfes Couronnes, dont les Grecs & les Romains recompenfoient les belles actions des foldats & des Generaux d'Armées. Ce font des Couronnes de Lauriers, de Gramen, de Chêne, de Paliffades, de Creneaux &c.

Aud-ssus de ces Palmiers on void la Mort victorieu-
se du Temps, à qui elle arrache les Armoiries du Prince;
mais la Renommée, qui prend soin de la gloire des
Heros, les enleve à la Mort, & luy insultant, elle
enfle sa trompette pour aller publier par tout la Gloire de Loüis de Bourbon Prince de Condé. Elle invite
en même-temps toutes les ames genereuses à luy rendre dans cette Eglise les derniers devoirs de Pieté par
des larmes & des prieres.

ADESTE FORTES ANIMÆ
ET SERENISSIMO
LUDOVICO BORBONIO CONDÆO
PRIMO REGIÆ STIRPIS PRINCIPI
PRECIBUS
ET PIIS LACRIMIS
PARENTATE.

Toute la Nef tenduë de deüil avec deux lez de ve-
lours chargés des Armoiries du Deffunt, & semez de
fleur-de-lis, & de larmes entremelées, audessus d'une
longue rangée de Trophées, montre que toute la vie
de ce Prince a esté une suite d'actions éclatantes & glorieuses, & pour instruire la Posterité de ces grandes actions
qui ont esté si publiques, toute sa vie est décrite en 30.
Inscriptions sur autant de tables de Marbre, qui doivent
estre conservées dans le Temple de la Memoire. Ces Inscriptions representent sa naissance, son education, ses
premieres armes, la Bataille de Rocroy, la prise de
Thionville, son ardeur à combattre, sa sagesse à con-
duire les troupes, la vigueur de ses actions, la Bataille de Fribourg, celle de Norlingue, les prises de

A ij

Spire, de Vormes , de Mayence & de plufieurs autres Villes d'Allemagne , la prife de Dunquerque , & de plufieurs autres Villes des Pays-Bas, la Bataille de Lens le voyage de la Franche-Comté où il fuivit le Roy, & le voyage d'Hollande , où il affifta à fes Conqueftes, le Combat de Seneff, la levée du Siége d'Oudenarde, fon dernier voyage d'Allemagne, après la mort de Mr de Turenne, fa retraite à Chantilly, fa mort Chrêtienne, & les Inftructions qu'il a laiffées à Meffeigneurs fes Enfans , pour être la Regle de leur conduite.

## POUR LA NAISSANCE
### du Prince de Condé le 8. Septembre 1621.

### LUDOVICUS BORBONIUS
SEPTEMBRI MENSE IN LUCEM EDITUS
SUB SIGNO VIRGINIS
IPSO MARIÆ NATALIUM DIE
FELICIORIS SUB ASPECTU SIDERIS
NASCI NON POTERAT
### MARIA QUIPPE BORBONIÆ GENTIS
TRIUMPHALE SIGNUM
ET TESSERA BELLICA.
EAM SIBI ADSCIVERE PATRONAM BORBONII
QUÆ DOMINI PARENS
PER EOS DUCES.
CHRISTIANI NOMINIS HOSTIBUS FACTA EST
TERRIBILIS UT CASTRORUM ACIES ORDINATA.

*LOVIS de Bourbon , né le 8. Septembre , qui eſt le jour de la Nativité nôtre Dame , fous le figne de la Vierge , ne pouvoit naître fous l'afpect d'un figne plus favorable , puifque nôtre-Dame eſt l'ancienne Devife de*

la Maison de Bourbon, dont le Cry de guerre étoit nôtre-Dame nôtre-Dame Bourbon Bourbon, ces Princes prirent pour leur Patrone celle qui est la Mere du
Seigneur, & portant son Image dans leurs Etendars, ils
la rendirent terrible comme une armée bien rangée aux
Ennemis de l'Eglise.

## Sur le même sujet.

UT SIT AUGUSTO SEPTEMBER
SIDERUM EVOLUTIONE POSTERIOR
MELIORUM ORTU SIDERUM
GALLIÆ COEPIT ESSE AUGUSTIOR,
EX QUO
# LUDOVICUM JUSTUM
ET
# LUDOVICUM MAGNUM
REGES MAXIMOS
## HENRICUM CONDÆUM
## ET LUDOVICUM FILIUM
PRIMOS REGII SANGUINIS PRINCIPES
ORBI DEDIT

Quoyque le mois de Septembre soit posterieur au mois
d'Août selon le cours des Astres, depuis que la Naissance de Loüs le Iuste & de Louis le Grand les plus illustres
de nos Rois, & la Naissance de Henry de Condé & de
Louis de Condé son fils, premiers Princes du sang, sont ar-
rivées en ce mois, il est devenu plus considerable à la
France que tous les autres.

## *Pour ſes Etudes.*

AD MAJORA OMNIA NATUM
# LUDOVICUM BORBONIUM
# HENRICUS CONDÆUS
IDEM ILLI SAPIENDI: MAGISTER AC PATER
UT BONIS ARTIBUS INSTRUERET
IN MUSARUM DISCIPLINAM
SUB PATRUM SOCIETATIS JESU CURA
TRADIDIT EDUCANDUM
SIC ANTIQUÆ ET NOVÆ SAPIENTIÆ DISCIPULUS,
ERUDITUS SUPRA ÆTATEM
ET ULTRA CONDITIONEM NATALIUM
AD MARTIS LAUROS
PER OMNES PALLADIS ET APOLLINIS
LAUREAS PROPERAVIT.

*Henry de Condé voulant inſtruire ſon Fils , & n'être pas moins dans l'art de bien vivre ſon Maître que ſon Pere , confia ſon éducation aux Peres de la Compagnie de Ieſus pour l'inſtruire aux belles Lettres. Ainſi ce Prince s'étant fait le Diſciple de la ſageſſe Ancienne & de la moderne , fut ſçavant au-de-là de ſon âge & de ſa condition & par les Lauriers d'Apollon & de Minerve ſe diſpoſa à cultiver un jour ceux de Mars.*

## Pour son Education.

HENRICO PARENTI NATUS
DUM IN AQUITANIA PRO ARIS DECERTAT FELICITER
PUER ADOLEVIT IN VICTORIÆ SINU
## LUDOVICUS BORBONIUS.
GALLIÆ PRINCIPUM PRIVILEGIUM EST
FORTES NASCI
EBULLIT INTER VENAS CLODOVÆI SANGUIS
## CAROLI MAGNI SPIRITUS
MAJORUM GLORIA,
NOMEN BORBONIUM,
ET DERIVATUS A LUDOVICO SANCTO
REGIUS ANIMUS
NEPOTES
AD SUMMA QUÆVIS EXCITANT.

*Louis de Bourbon étant né pendant que son Pere comba-*
*toit en Guienne avec de grands succez pour la deffense*
*des Autels & de la Religion, ce jeune Prince fut com-*
*me élevé dans le sein de la Victoire. Aussi est-ce l'a-*
*vantage des Princes de la Maison Royale de naître ge-*
*nereux. Le sang de Clovis qui boût dans leurs veines,*
*l'Esprit de Charlemagne, la gloire & la reputation de leurs*
*Ancêtres, l'illustre nom de Bourbon & la grandeur d'a-*
*me qu'ils heritent de saint Louis, les excitent à ne rien*
*faire qui soit indigne de la vertu de ces Heros, dont ils*
*sont les descendans.*

*Pour ses premieres armes.*

# LUDOVICVS BORBONIVS

NATALIUM SPLENDORE, FELICITATE INGENII
ERUDITIONE, FAMA, REBUS PRÆCLARE GESTIS,
FUTURUS PRINCEPS IN OMNIBUS
IMITANDI IMPATIENS VIRTUTES BELLICAS
QUAS IN VETERUM ANNALIBUS
NON TAM AVIDE LEGERAT QUAM CONCEPERAT ANIMO
SVB LVDOVICO JVSTO
REGIO SUSCEPTORE
PRIMUM ARMORUM TYROCINIUM
AD ATREBATUM, ARIAM ET PERPINIANUM,
POSUIT
NON SINE VINCENDI OMINE
QUI INTER GALLIÆ TRIUMPHOS
PRIMA FACERET RUDIMENTA BELLORUM.

*Louis de Bourbon illustre par sa Naissance & par la facilité de son Genie, aussi bien que par la vivacité de son esprit, pour soûtenir sa qualité de premier Prince du sang non moins par ses lumieres, & par la gloire de son nom que par ses belles actions, dans l'impatience d'imiter les grandes choses qu'il avoit leuës dans l'histoire, & dont il avoit rempli son esprit aussi bien que sa memoire, voulut faire ses premieres armes aux sièges d'Arras, d'Aire & de Perpignan sous le Roy Louis-le-Iuste, afin que le même qui luy avoit donné son nom aux ceremonies de son Batéme, fût encore son Parain d'armes avec un presage d'autant plus heureux, que ce fut au milieu des triomphes de la France qu'il apprit à faire la guerre.*

*Pour*

## Pour le Commandement des Armées.

MILITIÆ DONATUS CINGULO
# LVDOVICVS BORBONIUS
GENTILITIUM BORBONIÆ GENTIS SYMBOLUM
NON TAM SPEI, QUAM FORTITVDINIS
TESSERAM ESSE VOLUIT,
EA SIBI DEVINXIT MILITES,
FORTUNAM SIGNIS ADSCRIPSIT
## VICTORIAM
AD OBSEQUIUM MANCIPAVIT
QUIPPE CONDÆI VIRTUS.
MARTIS SCHOLA
ET HEROUM OFFICINA
BISSENOS TRIBUNOS MILITUM T LEGIONUM
PRÆFECTOS.
AD MILITAREM GALLIÆ CLAVAM EVEXIT.

Loüis de Bourbon ayant pris les armes, & la ceinture militaire, fit de l'ancienne Devise de sa maison, qui étoit la ceinture d'Esperance, la ceinture de la Valeur. C'est ainsi qu'il s'attacha toutes les troupes, qu'il lia la Fortune à ses etendars, & qu'il obligea la victoire de le suivre comme son esclave, car la vertu de ce Prince devint l'Ecole de Mars, & la Carriere des Heros, puisqu'il fit meriter à douze de ses Officiers le Bâton de Maréchal de France.

B

*Pour la Bataille de Rocroy.*

IN DESPERATA LVDOVICI JVSTI VALETUDINE
HISPANI CONCLAMATAM RATI SALUTEM GALLIÆ
OMNIA METU PENE COMPLEVERANT,
CUM LVDOVICVS BORBONIVS
EO IPSO MOMENTO QUO REGIUM FUNUS
EX AULA PRODUCEBATUR INTER CIVIUM LACRIMAS
DISSIPATIS HISPANORUM CONSILIIS,
FUGATIS COPIIS, ATTRITIS VIRIBUS,
REGIOS MANES COMPOSUIT
ET JUSTO PRINCIPI JUSTA FACTURUS,
NOBILES MISIT INFERIAS,
EREPTA SIGNA, DIREPTA SPOLIA.

*Les Espagnols croyant que c'étoit fait de la France à la mort de Louis treiziéme, avoient mis la terreur par tout, quand Louis de Bourbon au même temps que l'on portoit le corps du Roy à saint-Denis, au milieu des larmes de ses Sujets, dissipa les desseins des Espagnols, battit leurs troupes, & les mettant en fuite, fit au Roy des funerailles glorieuses en honorant ses Obseques des Drapeaux & des Dépouilles, qu'il leur avoit enlevées.*

## *Pour ses Victoires aprés la Bataille de Rocroy.*

VICTORIA ROCROIENSI
QUOT ALIIS PRÆLUSERIT
### ENGVIENVS
NOVERE
BELGÆ, GERMANI, IBERI, NERVII, NEMETES,
NORICI, BATAVI, SEQUANI:
MOSAM, MOSELLAM, SABIM RHENUM
VISURGIM, MÆNUM, DANUBIUM, SCALDIM.
LYSAM, VAHALIM, ALDUADUBIM
CASTRIS POSITIS DOMUIT
LUSTRAVIT VICTORIIS.

*Les Flamans, les Allemans, les Espagnols, les Peuples du Pays-Bas, & du voisinage de Spire, les Bavarois, les Hollandois, & les Franc-Contois sçavent de combien de Victoires, la Victoire de Rocroy fut suivie, quand le Duc d'Anguien, depuis Prince de Condé, porta ses armes triomphantes audelà de la Meuse, de la Moselle, de la Sambre, du Rhin, du Vesel, du Mein, du Danube, de l'Escaut, du Vahal, de la Lys, de Lissel, & du Doux, où il ne campa que pour faire des actions signalées.*

*Pour la sagesse de sa conduite dans les Armées.*

NEMO MATURIUS VINCERE DIDICIT,
EXPEDITIUS NEMO
## CASTRORUM PATER
ET FIDUCIA MILITUM CONDÆUS.
HINC TANTA CUPIDO
SUB EO DUCE MERENDI STIPENDIA.
ET CERTE IN COPIARUM INSTRUCTIONE
SI DILIGENTIAM SPECTAVERIS,
NIHIL ACCURATIUS,
SI ORDINEM,
NIHIL APTIUS:
SI DISCIPLINAM,
NIHIL RETINENTIUS FUIT.

*Nul n'a jamais si tôt appris à vaincre, ny avec tant de vitesse que Louis de Bourbon Duc d'Anguien. Il étoit & la gloire des armées & l'asseurance des troupes. C'est ce qui faisoit l'empressement des Soldats à combattre sous luy. Et certes on n'a rien vû de semblable à ses armes, que l'ordre, la discipline & l'execution rendoient formidables aux Ennemis & toûjours seures du succés.*

*Pour sa promptitude à agir.*

LUDOVICUS BORBONIUS
FULMINI SIMILIS,
ANTEQUAM EMICARET DIMICANS,
IMPARATIS SÆPE HOSTIBUS ADERAT,
AUT PARATOS ADORIEBATUR TAM STRENUE
UT ILLIUS VIRTUTI IMPARES
ET SI PARES NUMERO, VEL ETIAM POTIORES
TERGA PRIUS VERTERE COGERET
QUAM CONVERTERENT ACIES ARMORUM.
VULTUM ENGUIENI DIXISSES
PALLADIS CLYPEUM,
AD CUJUS ASPECTUM
OBRIGESCERENT ILLICO
QUOTQUOT PRÆSENTIAM EXPECTARENT

Ce Prince semblable à la Foudre, qui frappe auparavant que de briller & de faire du bruit, étoit souvent en presence des Ennemis avant qu'ils se fussent apperceûs de sa marche, & quand il venoit sur eux, quelques disposez qu'ils fussent à le recevoir, & avec un nombre égal de troupes, & même de plus fortes, il les battoit toûjours, & leur faisoit tourner le dos avant même qu'ils eussent le loisir de tourner la pointe de leurs armes contre luy. Enfin on eut dit que le visage du Duc d'Anguien étoit le Bouclier fatal de Minerve, que les Ennemis ne pouvoient voir sans être saisis d'horreur, quand ils avoient assez de fermeté pour l'attendre.

B iij

## Pour le Voyage d'Allemagne & la Bataille de Fribourg.

ACCISIS AD ROCROIAM HISPANORUM VIRIBUS,

OCCUPATA THEODONIS VILLA

## LUDOVICUS BORBONIUS

OBSTRUXIT HOSTIBUS GALLIÆ ADITUM

PER ARDUENNATES ET CONDRUSOS.

MOX VICTORIÆ PENNIS

ANTIQUOS REGNI LIMITES PRÆTERVOLANS

CÆSIS PER TRIDUUM AD FRIBURGUM

CÆSARIANIS ET BOIIS,
EXPUGNATA PHILIPPIOPOLI,
RHENI UTRAQUE RIPA ASSERTA,
STUPOR HOSTIUM, SUORUM ADMIRATIO
ET SUI CONTEMPTOR ENGVIENVS
UBIQUE TROPHÆA STATUIT.
HOC UNO CENSURA DIGNUS
QUOD INTER TOT PERICULA
SUI PENE ESSET OBLITUS.

Le Duc d'Anguien ayant battu les Espagnols à Rocroy, & pris sur eux Thionville, ferma de ce côté là l'entrée de la France aux Ennemis, & allant au delà des anciennes limites du Royaume, sur les aisles de la Victoire, il défit en un Combat de trois jours les Imperiaux & les Bavarois auprés de Fribourg, prit Philisbourg, se rendit Maître des deux bords du Rhin, & avec autant d'étonnement & de frayeur des Ennemis, que d'admiration de ses troupes, s'oubliant de soy-même au milieu de tant de dangers, il eleva par tout des Trophées, & la seule chose qu'on pouvoit reprendre dans sa conduite, étoit, qu'il s'exposoit trop facilement.

## Pour la Bataille de Norlingue.

SPIRA, WORMATIA, MOGUNTIA,
TRIA GERMANIÆ PROPUGNACULA
ENGVIENO DVCI ITER FUERE
AD MAJORES VICTORIAS.
IN EA VINCENDI CELERITATE
VIX HABUIT UBI CASTRA FIGERET
CUM ULTURUS SUEDORUM STRAGEM
ALIENÆ CLADIS VINDEX,
GERMANOS
PRÆDA DIVITES ET VICTORIIS TUMIDOS
AD NORLINGAM
OPPRESSIT, ATTRIVIT, PROFLIGAVIT,
IPSO IN CERTAMINE
MERCIO DUCE
INTERNECIONE DELETO.

*Spire, Vormes & Mayence, trois places des plus considerables de l'Allemagne, ne furent au Duc d'Anguien, qu'un passage à de plus grands exploits. Dans la rapidité de ses Conquêtes, à peine avoit-il le loisir de camper, lors que pour vanger les Suedois, & pour reparer les pertes, qu'ils avoient faites, il battit à Norlingue les Alemans, enflez de leurs succés, & leur enlevant les dépoüilles qu'ils emportoient, les défit entiérement, Mercy leur General étant demeuré sur la place.*

## Pour la Bataille de Lens.

DUOBUS ANNIS SÆCULI LABORES
IMPLEVIT DUX INCLITUS
CUM PACEM EXORANS GERMANIA
INVIDIT BORBONII GLORIÆ
SALUTI DUM CONSULIT SUÆ.
COMPENSAVERE INTEREA SUPERIORIS GERMANIÆ
LAUROS,
INFERIORIS DAMNA
CUM EREPTA HISPANIS DUNKERKA,
ET FUSI AD LENDIUM BELGÆ
SIC ENGVIENO HAUD INFERIOR CONDÆVS
NOVO NOMINI, NOVIS VICTORIIS
CELEBRITATEM ATTULIT,
FAMAM AUXIT.

*Cet incomparable Chef d'Armée fit en deux ans ce qui pouvoit être le travail d'un siecle entier, lorsque l'Allemagne demandant la paix, & voulant penser à sa seureté, luy ravit la gloire d'y faire de plus grands progrés. Il est vray que le succés qu'eurent ses armes dans les Pays-Bas, le recompenserent des pertes qu'il sembloit avoir faites par la paix d'Allemagne, puisqu'il enleva Dunkerke aux Espagnols, & les battit à Lens, ayant deffait l'Archiduc Leopol qui les commandoit. C'est ainsi que Louis de Bourbon qui venoit de prendre le nom de Prince de Condé ne rendit pas moins celebre ce nom par ses belles actions, qu'il avoit acquis de gloire à celuy de Duc d'Anguien.*

*Pour*

## Pour le Voyage de la Franche-Comté, où il suivit le Roy.

Sub LUDOVICI MAGNI Auspiciis

Miles alacrior CONDÆUS

Quam olim fuerat Imperator,

Illius ductu

Tentaturus omnia,

Omnia strenue peracturus,

Dolam, Vesontionem,

Graium, Salinas

Et reliquas Sequanorum arces

Intra paucos dies Regi victori deditas;

Tum ad Batavos properantem secutus

Quadraginta urbes repente expugnatas.

Veteranus victor obstupuit.

Le Prince de Condé s'estimant plus heureux d'estre soldat
sous LOüIS LE GRAND, que d'avoir esté auparavant
Général de nos armées, prest de tout entreprendre sous une telle
conduite, & de tout executer, vit en peu de jours les villes de
Dole, de Besançon, de Gray, de Salins, & toutes les autres
places de la Franche-Comté renduës à sa Majesté & l'ayant
suivie en Hollande, il ne pût avoir sans étonnement quarante
Villes prises avec tant de vitesse, que quoi-qu'il fust vieux
guerrier, & qu'il eût fait autrefois des choses surprenantes, il
estoit obligé d'avoüer que rien n'estoit comparable à cette rapidité de conquestes.

C

# *Pour le Combat de Seneff.*

FOEDERATAM GERMANIÆ ET HISPANIÆ
BATAVIAM
AURIACO DUCE
IN CAMPIS SENEFFICILS CONDÆUS
TRICORPORI MONSTRO , OCCURRENS ALCIDES NOVUS
UNO PRÆLIO FUDIT.
FELIX EO NOMINE PRINCEPS,
QUOD FILIUM HABUERIT
LABORUM COMITEM,
VIRTUTIS ÆMULUM,
VICTORIARUM TESTEM AC
SOCIUM.

*Le Prince d'Orange s'estoit fait dans les Pays-bas le Chef d'une triple alliance des Espagnols, des Allemans & des Hollandois, dont il commandoit les forces unies ; le Prince de Condé, comme un autre Hercule, s'opposant à ce monstre de trois corps unis en un, les défit en un seul combat, & fut d'autant plus heureux en une action si belle, qu'il eut son fils associé à ses travaux, imitateur de sa vertu, témoin & compagnon de ses victoires.*

# Pour la levée du Siege d'Audenarde.

ACCEPTÆ CLADIS AD SENEFFAM

MALE MEMORES BELGII GERYONES

AURIACUS MONTEREYUS,

ET CÆSARIANI DUCTOR EXERCITUS

UT URBIS EXPUGNATIONE

CERTAMINIS MUTARENT ALEAM,

MACULAM EXPURGARENT,

SENSERE ITERUM IN CONDÆO VICTORE ADESSE

LUDOVICI MAGNI

FORTUNAM ET NUMEN.

FOEDERATO IGITUR DISCESSU,

OBSIDIONE DIMISSA

NEBULÆ BENEFICIO

AMPLIOREM VICTORIAM SUFFURATI

SESE SUO DEDECORI SUBDUXERE.

Le Prince d'Orange, le Marquis de Monterey, & le General des troupes Allemandes, les Geryons & les Chefs de la
triple alliance des Pays-bas, s'estant oubliez de l'échec qu'ils
avoient reçû à Seneff, avoient réuni leurs forces pour assieger
Audenarde, afin de changer, s'ils pouvoient, le sort des armes,
& de reparer l'affront qu'ils avoient reçû. Mais ils sentirent
une seconde fois que le Prince de Condé estoit assisté de la fortune & du genie de LOÜIS LE GRAND, & s'estant
unis pour lever le siege, comme ils s'estoient unis pour le faire, à
la faveur d'un brouillard, ils déroberent au Prince de Condé l'honneur d'une plus ample victoire, & se retirerent pour aller ca-
cher leur honte.　　　　　　　　　　　C ij

# Pour le dernier Voyage d'Allemagne, après la mort de Monsieur de Turenne.

ERECTAM TURENNII PRÆSTANTISSIMI IMPERATORIS
NECE.

GERMANORUM AUDACIAM
ÆGER VIRIBUS, ANIMO INTEGER
CONDÆUS
CUM EXIGUA MILITUM MANU
INTRA FINES CONTINUIT.
HAGENOAM ET TABERNAS
AB OBSIDENTE EXERCITU LIBERAVIT
ASSERTOR ALSATIÆ.
QUI TOTIES ANTE FUERAT
GERMANIÆ TRIUMPHATOR.

La mort de Monsieur de Turenne cet incomparable General, qui tint si long-temps toute l'Allemagne en échec, ayant relevé le courage des ennemis, & les ayant rendus plus fiers, le Prince de Condé conservant toute la force de son esprit en un corps usé de travaux, les arrêta avec une poignée de gens; & ayant fait lever le siege de Haguenau & de Saverne devint le liberateur de l'Alsace après avoir été tant de fois le triomphateur de l'Allemagne.

# Pour sa retraite dans Chantilli.

SEMOTIS CURIS IN CANTILII SECESSU

SIBI VACANS ET SUIS

CONDÆUS,

QUAM A PARENTE ACCEPERAT

VIRTUTUM DISCIPLINAM

POSTERIS TRADITURUS,

FILIUM SUIS JAM INFORMATUM EXEMPLIS;

NEPOTEM AC FRATRIS FILIUM

UT DIGNOS SE REDDERET,

DOMESTICIS ERUDIVIT PRÆCEPTIS;

SIC BORBONIA SIDERA

IN SOLIS SINU DECURRUNT LUCIS STADIUM

ET REFUNDUNT INVICEM

QUAM ACCIPIUNT LUMINIS USURAM

Le Prince de Condé s'estant retiré dans Chantilli pour estre
tout à luy-même & aux siens, voulant laisser à sa posterité les
enseignemens salutaires qu'il avoit reçûs de son pere, forma par
des instructions domestiques, son fils qu'il avoit déja formé sur
ses exemples en plusieurs occasions, son petit fils & le fils de
son frere, pour les rendre dignes de luy. C'est ainsi que les
Astres de Bourbon sont elevez dans le sein même du Soleil, &
reflechissent sur luy les lumiéres qu'ils en reçoivent.

## *Pour sa retraite.*

LUDOVICI MAGNI
MULTIPLICIBUS VICTORIIS
QUOS NON IMPENDISSET LABORES CONDÆUS,
SI VIRES DEDISSET ULTERIUS
QUI VITAM DEDIT.
VERUM ADVERSA VALETUDO
ET QUIES TEMPORUM
HONESTÂ MISSIONE
CHRISTIANÆ SAPIENTIÆ FECERE OTIUM,
UT MORI DISCERET PRINCEPS
QUI VIVERE ASSUETUS SIMUL ET VINCERE,
QUOD DEDERAT SÆCULO DOLUIT
ÆTERNITATIS CANDIDATUS.

*Quels services n'auroit pas rendus au Roy le Prince de Condé en ces surprenantes conquêtes que nous avons tant de fois admirées si celuy qui luy avoit conservé la vie, luy avoit conservé les forces : mais son peu de santé & la Paix donnée à toute l'Europe, luy ayant laissé un honnête loisir, ce sage Prince l'employa à aprendre à bien mourir, & n'ayant auparavant pensé qu'à faire de grandes actions aux yeux du monde, quand il se vit sur les bords de l'Eternité, il eut regret d'avoir donné à une gloire purement humaine ce qu'il devoit avoir fait pour une fin plus noble & plus digne d'un Chrétien.*

# Pour sa préparation à la Mort.

DETESTATUS ID OMNE QUOD DEUS NON EST

MORITURUS CONDÆUS

MORTALIA PENE OMNIA DEPOSUIT,

ANTEQUAM MORTALITATEM EXUERET,

SIC DEO PLENUS AD QUEM ASPIRABAT UNICE

CHRISTI SANGUINE ET PIIS LACRYMIS

VITÆ MACULAS ELUENS

SPERAVIT BREVI VISURUM SE

QUOD MELIORIBUS OCULIS CŒPERAT CERNERE:

MORTEM ADESSE SENTIENS,

QUAM SÆPE IMPERTERRITUS VIDERAT

UT NIHIL SIBI AB EA METUERET,

TOTUM SE ÆTERNITATIS STUDIO TRADIDIT,

ET CÆLO UNI INTENTUS

PRIUS VIVERE DESIIT QUÀM CÆLESTIA MEDITARI.

*Le Prince de Condé méprisant tout ce qui n'étoit pas Dieu, re-*
*nonça avant sa mort à toutes les choses mortelles, & tout penetré de*
*l'esprit de Dieu, qu'il cherchoit uniquement, il se purifia dans le sang*
*de Jesus-Christ & dans ses larmes , plein d'une vive confiance ,*
*qu'il verroit bien tôt clairement ce qu'il avoit commencé de voir*
*avec de meilleurs yeux qu'il ne l'avoit vû auparavant. Sentant que*
*la mort s'aprochoit, luy qui l'avoit vûë tant de fois si proche sans en*
*être effrayé , pour ne la point craindre en ces dernier momens, il en-*
*visagea l'Eternité, & luy donnant tous ses soins il cessa de vivre*
*avant que de cesser de considerer le Ciel.*

# Pour sa Mort.

ULTIMUM SUIS VALEDICTURUS
CONDÆUS,
SANCTI LUDOVICI MONITORUM MEMOR
DEI CULTUM, SALUTIS CURAM,
RELIGIONIS TUTELAM,
REGIS OBSEQUIUM
MORIENS COMMENDAVIT.
DISCE AB EO PRINCIPE,
QUISQUIS CHRISTIANUS ES,
NIL NISI CHRISTIANUM SAPERE,
INANE OMNE ALIUD EST;
ET SI QUID CÆLO DIGNUM
DE CÆLO VENIAT,
AD CÆLUM REDEAT
NECESSE EST.

*Le Prince de Condé voulant dire aux siens le dernier adieu, se souvint des enseignemens que saint Louïs son Ayeul avoit donné à ses enfans avant que de mourir, & sur ces saints exemples il leur recommanda le service de Dieu, le soin de leur salut, le zéle de la Religion, la fidélité au Roy. Aprenez d'une mort si sage, vous qui faites profession d'être Chrétiens, de ne vous attacher uniquement qu'à ce qui fait la perfection de la vie Chrétienne. Tout le reste est vain, & rien n'est digne du Ciel que ce qui vient du Ciel, & ce qui tend au Ciel.*

POVR SA MORT TOVTE CHRETIENNE.

UT ANGUSTAM AD COELUM VIAM

INTRARET

# LUDOVICUS BORBONIUS,

HUMANÆ GLORIÆ FASTUS

TITULOS ET ORNAMENTA

HIC DEPOSUIT.

VIRTUTEM UNAM ITINERIS SOCIAM

ADMISIT DEUS.

ET TU, VIATOR, SI SAPIS,

HANC TIBI VIVUS COMPARA

SUPELLECTILEM

ÆTERNITATIS.

*Le Prince de Condé pour entrer dans le chemin du Ciel, qui est un chemin étroit, a laissé icy tous les titres d'honneur, & tous les vains ornemens d'une gloire purement humaine. Dieu n'a voulu recevoir avec luy pour compagnes de son voyage, que les Vertus Chrétiennes, & les bonnes œuvres. Si vous estes sage, Chrétien, pendant que vous vivez, acquerez les veritables biens, qui sont les seuls que l'on peut porter dans le sejour de l'Eternité.*

D

*POVR LE MESME SVIET.*

# LUDOVICI BORBONII CONDÆI

## PARENTIS OPTIMI

### SPIRITUM SERVATURUS

# HENRICUS JULIUS

## NOMINIS HÆRES

### MORIENTIS AB ORE COLLEGIT.

### UT IN POSTEROS TRANSFUNDERET.

## ÆTERNA QUIPPE CONDÆI

### VIRTUS EST

## PERENNIS GLORIA

### CELEBRITAS NOMINIS IMMORTALIS

*Henry Iules de Bourbon Prince de Condé pour conser-*
*ver la gloire du Prince son Pere dont il a herité le nom,*
*receut les derniers soûpirs de ce Prince pour recevoir son*
*Esprit, & pour le faire passer à sa Posterité. Car la Ver-*
*tu de Loüis de Bourbon Prince de Condé doit estre eter-*
*nelle, sa gloire perpetuelle, & son nom immortel*

*POVR LE MESME SVIET.*

SUPERSTES IN HENRICO FILIO,

NEPOTE, AC FRATRIS FILIO

# CONDÆVS

SPERAVIT AB EORUM INDOLE

SUCCESSIONEM VIRTUTIS,

ET SPE CHRISTIANA ERECTUS ANIMUS

ÆTERNITATEM INGRESSUS EST,

UBI CORONA JUSTITIÆ

PIETATIS MERCES,

ET DEI MUNUS ÆTERNUM EST.

*Le Prince de Condé vivant encore aprés sa mort dans le Prince son fils, dans le Duc de Bourbon son petit-fils, & dans le Prince de Conti son neveu, attend de la bonté de leur naturel, qu'ils feront reuivre toutes ses vertus; & plein de cette esperance vrayement Chrétienne, il est entré dans le sein de l'Eternité, où la couronne de Iustice est un don de Dieu, & la recompense eternelle de la pieté des Fideles.*

D ij

Les autres Infcriptions font des Epitaphes à la maniere des Anciens. La premiere eft empruntée de Ciceron. *Lib. 2. de Finibus.*

ÆTERNÆ MEMORIÆ
LUDOVICI BORBONII CONDÆI
UNO ORE
CUI
CONSENTIUNT PLURIMÆ GENTES
PRIMARIUM FUISSE VIRUM.

*A la memoire eternelle de Loüis de Bourbon Prince de Condé, que plufieurs Nations reconnoiffent avoir efté l'un des premiers Hommes de fon fiecle.*

La feconde eft imitée d'une Epitaphe que les troupes Romaines éleverent dans leur Camp à la Memoire de Gordien en caracteres Grecs, Latins, Perfans, Hebraïques & Egyptiens, afin qu'elle pût eftre entenduë de tous ces peuples, & finit à la maniere d'une autre Epitaphe que les Officiers de l'Armée firent dreffer à un de leurs Commendans, & dont le Monument eft encore à Turin.

*DECURIONES ALÆ GETULORUM*
*QUIBUS PRÆFUIT BELLO JUDAICO*
*SUB DIVO VESPASIANO AUG.*
*PATRE*
*HONORIS CAUSA.*

# LUDOVICO BORBONIO CONDÆO

## DEPULSORI HOSTIUM,

## VICTORI GERMANORUM,

### VICTORI HESPERIORUM,

### VICTORI BELGARUM,

#### VICTORI VANGIONUM,

##### VICTORI NEMETUM,

##### VICTORI TRIBOCORUM,

###### HONORIS CAUSA

## DECURIONES EXERCITUS GALLICANI.

*A Louis de Bourbon Prince de Condé, qui a chaßé autrefois les ennemis de nos frontieres, & qui a vaincu tant de fois les Allemans, les Espagnols & les Flamans. Ceux de Vormes, de Spire, d'Alsace, &c. Les Officiers des Armées Françoises pour honorer sa vertu luy ont élevé ces Trophées des dépouilles des ennemis.*

La troisiéme Epitaphe honore son Tombeau de toutes les Couronnes dont les Anciens avoient accoûtumé de recompenser la vertu & le merite des Personnes les plus illustres, & les plus distin-guées par leurs belles actions.

# LUDOVICO BORBONIO CONDÆO
## CORONAM AUREAM
### REGIUS SANGUIS;

## MURALES
THEODONISVILLA, BORBOTEMAGUS, MOGUNTIA,
PHILIPPOPOLIS.

## OBSIDIONALES
HAGENOA, TABERNÆ, ET ALDENARDA
LIBERATÆ.

## CASTRENSES
DUNKERKA, ET VIGINTI ALIÆ URBES.

## TRIUMPHALES
ROCROIA, FRIBURGUM, NORLINGA,
LENDIUM, SENEFFA
TRIBUERE.

## CHRISTIANA VIRTUS CONTULIT
## IMMORTALES.

*Si le Sang Royal de France a donné au Prince de Condé*
*une Couronne d'or, Thionville, Vormes, Mayence &*
*Philisbourg des Couronnes murales ; Haguenau, Saverne*
*& Audenarde délivrées des Couronnes obsidionales, Dun-*
*querque & vingt autres villes des Couronnes à palissades,*
*qui se donnoient à ceux qui forçoient le Camp des enne-*
*mis. Si Rocroy, Fribourg, Norlingue, Lens & Senef luy*
*ont fait meriter des Couronnes triomphales : la seule pieté*
*Chrétienne a pû luy donner des Couronnes immortelles.*

31

CEt Appareil funebre eft de ceux que les Romains nom-
moient publics & folemnels, *publica & indictiva funera.*
Ils tenoient beaucoup du triomphe, & parmy les triftes objets qui fervoient à ces lugubres ceremonies, il y avoit de
la pompe & de la magnificence. On y portoit les dépoüilles enlevées aux ennemis ; &-comme c'eſtoit la nuit que fe
faifoient les Convois, ils eſtoient accompagnez d'un grand
nombre de flambeaux allumez, on brûloit des parfums fur
les chemins, on portoit mefme des Trophées, & les Images des Anceſtres. Tout cela s'eſt obfervé en cette Decoration, où toute la Nef de l'Eglife eft decorée de Trophées,
d'Infcriptions, d'Armoiries, & de marques d'honneur ; &
le Maufolée de Caffolettes, & de grands Vafes de parfums.
Les endroits du Pontifical Romain, qui ont donné lieu au
deffein du CAMP DE LA DOULEUR, font ceux-cy.

*Prælatus, qui celebravit, apud Faldiſtorium prope altare de-*
*ponit planetam, & fi placet poterit deponere Dalmaticam, & Tu-*
*nicellam, & accipit pluviale nigrum, & mitram fimplicem; &*
*quatuor alii Prælati, fi adfint, accedent ad Sacriſtiam, vel alium*
*locum convenientem & propinquum, ubi quilibet eorum accipit fu-*
*per rochetum, vel fi fit fæcularis fupra fuperpelliceum, amictum,*
*ſtolam, pluviale nigrum & mitram fimplicem, fi eâ uti poffunt, fin*
*minus biretum; & omnes fic parati accedunt apud Prælatum cele-*
*brantem paratum, cum quo vadunt ad CASTRVM DOLORIS,*
*feu feretrum, aut fepulturam, vel alium locum, in quo abfolutio-*
*nes fieri confueverunt.*

Junior Prælatus fedebit in fcabello in angulo CASTRI
DOLORIS *ad pedem dexterum.*

*Abfolutiones iſtæ quatuor vel quinque non femper in omnibus*
*exequiis fieri convenit, fed tantùm in primis exequiis, quæ fieri*
*folent poſt obitum. In exequiis verò anniverfariis non debent fieri*
*hujufmodi quatuor abfolutiones, fed una tantùm per Prælatum ce-*
*lebrantem, poſt Miffam: vel fi adeffet CASTRVM DOLORIS,*
*vel alius locus...... cum fuis Capellanis accedet ad CASTRVM*
DOLORIS.

Il n'y a rien en tout ce Deffein qui ne foit conforme aux

anciens ufages de l'Eglife. C'eft des Pavillons de guerre, que nos Tabernacles où repofe le trés-faint Sacrement, & les Pavillons qui les couvrent, ont pris leur nom & leur ufage: parce que l'Arche d'alliance qui fut la figure du faint Sacrement eftoit confervée fous des Pavillons de guerre. Les Palmiers & les Fleurs-de-lys faifoient les principaux ornemens du Temple de Salomon; on éleve dans nos Eglifes en Trophées les dépoüilles prifes fur les ennemis non feulement infideles, mais encore fur les Chrétiens. Enfin tout eft tellement militaire en ces Ceremonies funebres des Princes, que l'Eglife qui veut que chacun des Preftres qui accompagnent l'Officiant ait un Chappellain qui l'affifte, ordonne que ce foit un Ecuyer, qui porte un flambeau devant luy, comme les Princes ont des Ecuyers qui portent leurs armes. *Prælati deinde duo feniores, & quilibet eorum penes fe habebit unum Capellanum fuperpelliceo indutum, qui mitrâ fibi ferviat, & unum* SCUTIFERUM, *qui cereum accenfum portet.*

Ceux qui ont la curiofité de s'inftruire de l'ufage des Decorations funebres, & de toutes les parties qui les compofent, n'ont qu'à lire un Traité compofé fur ce fujet à l'occafion des Funerailles de la Reine, ils le trouveront ruë faint Jacques, à l'Image S. Bafile.

A l'entrée

A L'entrée du Chœur est un grand Arc de Triomphe d'ordre dorique, qui est un ordre militaire, dont les proportions ont esté prises sur celles du corps d'un Soldat robuste.

Cet Arc de Triomphe à deux faces represente d'un costé la vie Heroïque du Prince de Condé, & de l'autre sa mort Chrestienne.

Les figures de l'une & de l'autre tiennent ses Armoiries au dessus de l'ouverture de l'Arc de Triomphe, avec cette inscription.

CASTRUM DOLORIS INGREDERE
QUISQUIS VIRTUTEM AMAS
ET LUGE
CONDÆUS
CASTRORUM PATER
SUBLATUS EST

Le Courage & la Valeur sont en pleurs entre les colonnes avancées de cet Arc de Triomphe, & si l'un témoigne sa douleur par ces mots d'un Prophete.

*Defecit Virtus mea.*

J'ay perdu tout espoir en perdant ce Heros.

L'autre témoigne la sienne par ces paroles du second Livre des Rois.

*Versa est Victoria in luctum.*

Quel triste souvenir de ma gloire passée?

Quelques bas reliefs representent l'éducation du jeune

E

Prince. On voit en l'un la Sageſſe qui le conduit du ſein des Muſes dans celuy de la Valeur pour y faire ſes premiers exercices.

Dans l'autre c'eſt la Valeur elle meſme qui luy met les premieres Armes, qu'elle prend ſur des Trophées que les Princes les plus illuſtres de la Maiſon Royale de BOURBON ont élevez à leur gloire aprés de grandes Actions.

Le grand bas relief fait voir Joſué, qui conduit le Camp des Iſraëlites à la faveur d'une colonne de lumiere durant la nuit, & de nuée durant le jour. Et l'Inſcription eſt tirée de l'Eloge de ce Heros que l'Eccleſiaſtique a fait au Chapitre 45.

## FORTIS IN BELLO.

*Qui fuit Magnus ſecundum nomen ſuum.*

Il ſe fit un grand Nom par cent fameux Exploits.

Les deux Colonnes qui conduiſirent les Iſraëlites font les Corps des deux Deviſes. La premiere eſt la Colonne lumineuſe, avec ces mots du Livre de Job.

*Ad Lumen ejus ambulabant.*

Sous un guide ſi ſeur on marchoit ſûrement.

La ſeconde Colonne de Nuée avec ces mots du Livre de la Sageſſe.

*Caſtra obumbrabat.*

Il couvroit tout le Camp ſans qu'on eut rien à craindre.

Ces deux Colonnes font encore l'Image des deux
Vies du Prince. Celle de Nuée de la Gloire du Monde,
& celle de Lumiere de fa Mort Chreftienne.

Au deſſus de cet Arc de Triomphe s'éleve un grand
Obeliſque de Lumiere à deux faces.

Sur l'une eſt la Gloire du Monde figurée par une
Victoire qui tient la Banniere des Armoiries du Prince,
& s'appuye fur un Globe du Monde, au deſſus de fa
Teſte eſt un Arbre dont les feüilles tombent avec ces
mots.

### Sic Tranſit.

Ainſi ſe perd l'Eclat de la Gloire du Monde.

De l'autre eſt la Gloire immortelle dans le Ciel avec
une Couronne d'Eſtoilles, & ces mots.

### Manet in æternum.

Les promeſſes du Ciel font promeſſes fideles.

L'Urne des cendres de ce Prince paroit encore en-
flammée au deſſus de cet Obeliſque, & fait voir que
le beau feu qui animoit ce Heros n'eſt pas entierement
eſteint, & que ſi la Royale Maiſon de BOURBON
avoit autrefois pour Deviſe un Pot à feu, avec ces
mots ARDENS DESIRS, Les Deſirs les plus ardens
des Heritiers du Nom du Prince de Condé font d'imiter ſes Vertus, & de faire revivre la gloire d'un ſi beau
Nom par des Actions qui répondent à la reputation
qu'il s'eſt acquiſe.

Toute la diſpoſition du Chœur de cette Egliſe repre-

sente un Camp composé de seize Tentes de guerre &
d'autant de Trophées attachées à de grands Palmiers
qui s'élevent entre ces Pavillons de guerre.

Tous ces Pavillons pour representer le Camp de la
douleur sont noirs semez de Larmes d'argent & de Fleur
de Lys d'or avec des campanes de mesme, ils sont
fourrés d'Hermine, & des Morts couchées aux pieds
des Trophées ouvrent ces Pavillons pour faire voir seize
grandes Actions du Prince de Condé.

1. *La Bataille de Rocroy.*
2. *La Prise de Thionville.*
3. *La Bataille de Fribourg.*
4. *Les Prises de Spire, Vormes, & Mayence.*
5. *La Bataille de Norlingue.*
6. *La Prise de Philisbourg.*
7. *Les Prises de Baden, Creusnac, Dourlac. Oppen-*
   *heim &c.*
8. *Les Prises de Baccara, Neustat, Landawu.*
9. *La Prise de Dunquerque.*
10. *La Prise de Mardick, Bergues &c.*
11. *La Prise de Courtray.*
12. *La Prise d'Ipre.*
13. *La Bataille de Lens.*
14. *La Bataille de Seneff.*
15. *Le Siege d'Oudenarde levé.*
16. *Les Sieges d'Haguenau, & de Saverne levez.*

Ces seize Trophées sont accompagnez des Titres glorieux que le feu Prince de Condé avoit meritez par ses
belles actions, & sont semblables à ceux que les Romains donnoient à leurs Empereurs.

PRINCEPS JUVENTUTIS.
NOVA SPES REIPUBLICÆ.
DUCTOR EXERCITUUM.
ARMORUM DECUS.
FIDUCIA MILITUM.
CASTRORUM. GLORIA.
SÆCULI VIRTUS.
HOSTIUM TERROR.
EXPUGNATOR URBIUM.
VICTORI GERMANICO.
TRIUMPHATORI BELGICO.
LEGIONUM PATRONO OPTIMO.
CONSERVATORI URBIS.
DUCI INCLYTO.
BELLATORI STRENUO.
SAPIENTIA PRINCIPIS PROVIDENTISSIMI
REQUIES OPTIMO PRINCIPI
PERPETUA VIRTUS.

Sur les Echarpes des signes militaires, & sur les Drapeaux sont les Armoiries & les noms des Villes qu'il a
prises. Et parce que c'estoit la coûtume des Anciens de
faire paroître les Images des Ancestres aux funerailles,
on voit attachées aux Palmiers seize Medailles de bronze
des hommes illustres de la branche de BOURBON depuis
Robert de Clermont cinquiéme fils de saint Loüis, jus-
qu'à Charles de BOURBON Pere d'Antoine Roy de Navarre. & du premier Prince de Condé.

I. ROBERT DE FRANCE Comte de Clermont
en Beauvoisis, & Seigneur de BOURBON V. fils de saint
Loüis étant en état de porter les armes, accompagna le
Roy Philippe le Hardi son frere au voyage qu'il fit à To-
lose l'an 1272. contre Roger Bernard Comte de Foix,
& fut fait Chevalier à Paris l'an 1279.

II. LOUIS, premier du nom Duc de BOURBON, Pair

E iij

& Chambrier de France, Comte de Clermont affifta à la bataille de Furnes donnée l'an 1297. contre les Flamans. Commanda l'arriere-garde en la Bataille de Courtray l'an 1302. en fauva les debris, & contribua beaucoup à la Victoire de Mons en Puelle 1304.

III. PIERRE premier du nom, Duc de BOURBON, Gouverneur de Languedoc & de Gafcogne, fut choisi par le Roy Philippe de Valois, pour affifter & fervir Jean de France Duc de Normandie en la guerre de Bretagne, & de Guienne. Il se trouva à la Bataille de Crecy l'an 1306. puis au Siege de Calais. Enfin il fut tué à la Bataille de Poitiers l'an 1356.

IV. LOUIS, II. du nom Duc de BOURBON fut employé à la conquefte du Poitou, & de la Guienne fur les Anglois, commanda l'arriere-garde de l'armée à la bataille de Roffebecq l'an 1382. servit au Siege de Bourbourg, à la Prife du Chafteau de Taillebourg. Après la paix il alla chercher la guerre en Afrique, où il affiegea la Ville de Tunis l'an 1390. & obligea les Infideles d'accepter des conditions avantageufes aux Chrêtiens.

V. JEAN Duc de BOURBON & d'Auvergne fut General de l'armée que le Roy envoya en Guienne contre les Anglois l'an 1414. se trouva aux Sieges de Compiegne & d'Arras, & à la Bataille d'Azincourt où il commandoit l'arriere garde.

VI. CHARLES I. du nom Duc de BOURBON, pour fes premieres armes affiegea & prit la Ville de Beziers fur le Comte de Foix qui la tenoit, fut Gouverneur de l'Ifle de France, de Champagne & de Brie, & conclut le Traité de Paix fait à Arras avec le Duc de Bourgogne.

VII. PIERRE II. du nom Duc de Bourbon, Gouverneur de Languedoc, Lieutenant General du Royaume durant la jeuneſſe de Charles VIII.

VIII. JEAN III. du nom Duc de Bourbon & d'Auvergne, Conneſtable de France, Gouverneur de Guienne & de Languedoc, ſe trouva à la Journée de Formigny, où il fut fait Chevalier l'an 1450. & depuis à la priſe de Caën & de Cherbourg ſur les Anglois, & à la repriſe de Bordeaux.

IX. GILBERT DUC DE BOURBON, Comte de Montpenſier Dauphin d'Auvergne, ſe trouva au Combat de Buſſi l'an 1467. & à celuy de Cluny, fut Lieutenant General en Poitou pour Charles VIII. qu'il ſuivit à la Conqueſte de Naples, où il conduiſit l'avant-garde de l'armée, & aprés la Conqueſte fut établi Viceroy.

X. CHARLES DUC DE BOURBON, Conneſtable de France ſous LOUIS XII. qu'il accompagna au Voyage de Génes l'an 1507. ſe trouva à la Journée d'Aignadel, fut chef de l'armée que le Roy envoya en Navarre l'an 1512. s'oppoſa aux Suiſſes en Bourgogne l'an 1513. combattit à Marignan, &c.

XI. JACQUES DE BOURBON Comte de la Marche, Conneſtable de France, ſe trouva à la Bataille de Crecy, à la Journée de Poitiers, & au Combat de Brignais, où il fut bleſſé à mort.

XII. JEAN DE BOURBON Comte de la Marche, alla en Caſtille contre Pierre le Cruel, fit la guerre en Guienne contre les Anglois, fut au combat de Commines à la Bataille de Roſſebec, & au Siege de Taillebourg.

XIII. LOUIS DE BOURBON Comte de Vendo-
me Gouverneur de Picardie, de Champagne, & de
Brie fervit au Siege d'Orleans, & à celuy de Jergeau où
il commanda, fit lever aux Anglois le Siege de Compiegne l'an 1430.

XIV. JEAN DE BOURBON, II. d nom Comte
de Vandome, fe trouva aux Sieges de Roüen & de
Bourdeaux. Fut fait Chevalier à celuy de Fronfac en
1456.

XV. FRANCOIS DE BOURBON Comte de Ven-
dome accompagna CHARLES VIII. à la conquefte du
Royaume de Naples, & combattit à la journée de For-
noüe.

XVI. CHARLES DE BOURBON Duc de Ven-
dome, Pere d'ANTOINE DE BOURBON, Roy de
Navarre & de LOUIS DE BOURBON Prince de Condé, accompagna le Roy LOUIS XII. au voyage d'Ita-
lie, affifta à la Reprife de Gennes l'an 1507, à la Bataille
d'Aignadel gagnée fur les Venitiens l'an 1509, où il fut
fait Chevalier de la main du Roy. Il fut Gouverneur de
Paris & de l'Ifle de France, fuivit le Roy FRANCOIS I.
à la conquefte du Duché de Milan, fe trouva à la Bataille
de Marignan où il eut fon cheval bleffé de trois coups
de pique. L'an 1518 il fut fait Gouverneur de Picardie,
& peu aprés obligea le Comte de Naffau de lever le Siege qu'il avoit mis devant Mefieres, demantela Landre-
cies, & prit Hefdin. Il garantit des efforts d'une puiffante
armée la Picardie, où les Imperiaux s'étoient jettez, fut
Chef du Confeil de France pendant la prifon du Roy,
contraignit l'armée Imperialle de lever le Siege de Peron-
ne. &c.

DEVISES

# DEVISES

Pour ses premieres armes aux sieges d'Arras, d'Aire, & de Perpignan.

UN jeune Coq qui commence à gratter la terre & à regarder le Soleil.

*Patiens pulveris atque Solis.*

Sous les yeux du Soleil il est prest de combattre. **Horat.**

Pour la Bataille de Rocroy.

Un FOUDRE partant de la nuë, & fracassant des sapins sur une haute montagne.

*Sic orsus ab alto.*

Par des coups signalez il commence à paroistre. **Virg.**

On s'empresse de combattre sous luy.

Un AYMAN avec des anneaux de fer qui s'y attachent.

*Certatim adjungunt sese.*

Quel est l'empressement de s'attacher à luy?

Pour son voyage d'Allemagne où il prit tant de villes en si peu de temps.

Un RUISSEAU conduit par un Aqueduc à plusieurs arcades.

*Triumphalis decursus.*

Marcher ainsi c'est aller en triomphe.

Le SIGNE du Lion qui fait les grands jours & les grandes chaleurs.

*Omnis semita fervet.* **Virg.**

De grandes & chaudes journées.

Un jeu d'ECHECS avec les pieces.

*Hic vincere ludus.*

Ce n'est qu'un jeu de vaincre.

Il se fait passage l'épée à la main.

Une SCIE qui coupe une pierre.

*Fit via vi.*

Avec le fer il se fait un passage.

La Foudre, qui échappe d'un nuage.

*Rumpit ut erumpat.*

Pour se faire passage il rompt tous les obstacles.

Il rompit les bataillons & les escadrons des ennemis.

Pour la Bataille de Fribourg qui dura trois jours, & où les forces de Baviere jointes à celles de l'Empereur furent défaites.

Des Tymbales rompuës sous les coups des baguettes.

*Repetitis ictibus.*

C'est à force de coups rudes & redoublez.

Pour la prise des villes de Spire, Vormes, & Mayence villes Imperiales.

Trois Alerions enfilez d'une mesme fleche.

*Et fors si plura dedisset.*

Encore plus s'il les eût rencontrez.

Pour la prise des autres villes.

Un Ayman fort élevé, & qui attire une longue suite d'anneaux de fer.

*Hoc virtutis opus*

Quelle vertu pour faire tant de choses?

Pour la prise de Thionville, de Philisbourg, de Dunquerque, & des autres villes les plus imprenables.

Des Bombes en l'air.

*Ardori nihil arduum.*

Rien n'est inaccessible à l'ardeur qui l'enflâme.

Un Elephant chargé d'une tour remplie de soldats qui marche teste levée.

*Campo sese arduis infert.*

C'est aller au combat seur de l'évenement.

Il va combattre à Norlingue les Allemans fiers d'avoir battu les Suedois, & qui se vantoient de le battre.

Un Herisson roulé dans ses épines, au milieu d'une troupe de chiens qui abboyent.

*Nec vanos horret strepitus.*

Il ne craint pas le bruit.

La Massue d'Hercule.

*Quis tot tolerare labores?*
De quel autre a-t'on veu de si nobles travaux?

Pour sa sagesse à prendre ses mesures
Un MORTIER à bombes avec l'Equerre ou le quart de cercle pour le pointer.

*Sic certior ictus.*
Les coups en sont plus seurs quand ils sont mesurez.

Il prend des villes, & fait lever des sieges,
Une MAIN sur un jeu d'Echecs.

*Tollere, seu ponere.*                                          Horat.
Soit pour prendre, soit pour defendre.

Un PORC-EPY.

*Vndique totis.*                                                Virg.
Il se sert de toutes ses forces.

Pour sa sortie du Royaume.
Une NUIT obscure.

*Lateant, quæ sine Sole.*
Loin du Soleil ce ne sont que tenebres.

Un grand NUAGE qui couvre le Ciel, le Soleil estant
éclipsé.

*Obducat.*                                                      Virg.
Il est avantageux qu'il n'en paroisse rien.

Pour son retour aprés la paix des Couronnes,
Des ALCYONS flottans sur la mer.

*Postquàm alta quierunt.*                                       Virg.
Aprés les vents & les flots appaisez.

Un CADRAN Cylindrique dont on ajuste la pinnule selon
le mois & le signe.

*Redditur obsequio Solis.*
Il s'ajuste au Soleil pour regler ses démarches.

Un VAISSEAU qui ne va qu'à demy voile, &
Une MAIN qui tient la sonde sur la prouë.

*Fecere pericula cautum.*
Les dangers l'ont rendu plus seur pour l'avenir.

F ij

Pour sa retraite dans Chantilly durant la paix.
Un RHINOCEROT couché sous un Palmier.

*Virg.*                 *Si quando prælia.*
Pour voir ce qu'il sçait faire attendez des combats.

Un CANON sur son affust.

               *Et stat dum cessat.*
Dans son repos il est tout prest d'agir.

Un AIGLE qui regarde le Soleil aprés les broüillards dissipez.

*Virg.*              *Miror magis.*
Plus je le vois, plus je l'admire.

Il suit le Roy aux Conquestes de la Franche-Comté.
Un ARC-EN-CIEL.

*Virg.*              *Soli honor.*
Au Soleil tout l'honneur en est dû.

Un VENT qui dissipe les broüillards, & fait voir le Soleil.
             *Illi victor ego.*
En combattant sous luy je luy dois mes succez.

*Virg.*

Pour le combat de Senef où estoient les forces de la triple alliance.
Le CERBERE abbattu sous la Massuë d'Hercule.

*Hor.*             *Robur erat triplex.*
Quoy qu'il eut de trois corps les forces reünies.

Monseigneur le Duc l'accompagne au Combat de Senef.
Un ESQUIF qui suit un grand Vaisseau.

*Virg.*             *Vnà decurro laborem.*
Fidele Compagnon de ses derniers travaux.

Pour son dernier voyage d'Allemagne, où tout cassé & tout incommodé qu'il estoit, il ne laissa pas avec peu de troupes aprés la mort de M. de Turenne, de tenir les Espagnols en échec, & de faire lever les sieges d'Haguenau & de Saverne.

Le SOLEIL éclipsé qui ne laisse pas de faire son chemin.
            *Protinùs æger ago.*
*Virg.*

Et tout fouffrant qu'il eſt, il ne laiſſe d'agir.

Un ARBRE ébranché auquel on attache des trophées.

*Nec ſic armis impar.*

Tout affoibli qu'il eſt il porte encor les armes.

Il forme Monſeigneur ſon fils dans ſa retraite & dans ſes expeditions militaires.

Un FLAN d'or preſt à eſtre mis ſous le balancier pour le monnoyer.

*Forma eadem & pretium ut ſit.*

Il en aura les traits, il en a la valeur.

Il forme les autres Princes ſon petit fils & ſon neveu.

Un AYMAN avec des Aiguilles.

*Vires dabit omnibus.*         *Virg.*

A tout ce qui le touche il donne ſa vertu.

Il ſe prepare à la mort dans ſa retraite par la penitence Chreſtienne.

Un CADRAN Occidental & le Soleil couchant.

*Sera, tamen reſpexit.*         *Virg.*

Quoyqu'un peu tard l'heure enfin eſt venuë.

Un OBSERVATOIRE avec une grande lunette dreſſée vers les Etoiles au milieu de la nuit.

*Nec tam præſentes alibi.*         *Virg.*

Quoyque preſens par tout on les voit moins ailleurs.

La retraite eſt le lieu le plus propre à penſer à l'Eternité.

Des ARBRES dépoüillez de leurs feüilles ſous les ſignes de l'Hyver.

*Deus nobis hæc otia fecit.*         *Virg.*

C'eſt de l'ordre du Ciel que nous vient ce repos.

Un AIGLE qui s'envole du bucher des Apotheoſes, le filet qui la retenoit eſtant brûlé.

*Felix qui potuit.*         *Virg.*

Heureux d'avoir rompu ce qui le retenoit.

Il écrit au Roy ayant ſa mort.

F iij

Un PHENIX, qui sur le point de mourir regarde le Soleil.

*Virg.*
*Extremum munus morientis.*
Sa derniere action regarde le Soleil.

Il laisse de grands exemples à sa famille.
Le SOLEIL couché qui laisse une grande trace de lumiere.

*Virg.*
*Excedens vestigia fecit.*
Il laisse en nous quittant des traces de lumiere.

Pour l'honneur qu'il fait à sa famille.
Le COLOSSE de Rhodes le plus bel ornement de ce Port,
& l'une des merveilles du monde qui a fait donner à ceux
de Rhodes le nom de Colossiens.

*Decus & fama pars maxima.*
Il en est l'ornement, il en fera la gloire.

Il a travaillé pour le Ciel sur la fin de sa vie.
La CONSTELLATION d'Hercule dans le Ciel.

*Virg.*
*Vltimus hic labor.*
C'est son dernier travail & le plus glorieux.

Pour sa mort.
Les SIGNES du Zodiaque avec la ligne Ecliptique mar-
quée de tous ses dégrez.

*Virg.*
*Stat sua cuique dies.*
Tous leurs jours sont marquez.

Les Heros meurent comme les autres.
Une FUSE'E qui éclate en Etoiles.

*Virg.*
*Hic exitus, illum.*
Sa fin est éclatante.

Le COLOSSE d'Hercule au milieu de plusieurs statuës.

*Virg.*
*Tantum alios inter.*
Il est au dessus d'eux.

Il a surpassé beaucoup de celebres Capitaines.
Des NUAGES lumineux aprés le Soleil couché.

*Et splendent proxima ab illo.*
Il laisse son éclat à tout ce qui le suit.

# LE MAUSOLEE

Les Anciens n'éleverent pas seulement des Arcs de triomphe dans leurs Camps aprés avoir vaincu les ennemis, mais ils y dresserent des Mausolées, & de magnifiques Tombeaux à ceux qui estoient morts dans le combat ou en commandant leurs Armées. Nous avons un exemple de l'un & de l'autre en Provence auprés de la ville de Saint Remy, où l'on voit les restes d'un Arc de triomphe auprés d'un superbe Mausolée. Les Soldats de Germanicus luy dresserent un Tombeau de cette sorte en Allemagne, où il avoit fait ses plus belles actions; C'est sur ces exemples que nous avons élevé au milieu du Camp de la douleur un Mausolée au deffunt Prince de Condé.

C'est un grand Portique d'ordre Composite posé sur sept marches, qui marquent les Septenaires climacteriques de la vie qui font les divers âges des hommes, & qui nous conduisent à la mort. Quatre Colonnes lumineuses, & entourées de palmes d'argent representent les quatre âges de la vie du Prince de Condé, qui les a rendus si illustres par ses belles actions. Ses Armoiries sont placées sur les faces de ce Portique avec tous leurs ornemens.

Des deux faces principales, celle qui regarde l'entrée du Chœur fait voir ce qui a rendu ce Prince grand aux yeux du monde, la Magnanimité & la Sagesse: Et la face qui regarde l'Autel fait connoistre ce qui l'a rendu grand devant Dieu. La Penitence, & l'Esperance Chrétienne. Chacune de ces figures a les symboles qui luy sont propres. La Magnanimité est armée & accompagnée d'un Lion. La Sagesse se distingue par le caducée, ou les serpens de la prudence, & par un Aigle dont la vûë perçante découvre de loin les objets.

La Penitence ramassée dans elle-même embrasse la Croix de JESUS-CHRIST comme l'unique moyen de se remettre dans sa grace, & l'Esperance Chrétienne regarde le Ciel appuyée ſur cette même Croix, qui fait la confiance des Fideles, qui ne peut eſtre fondée que ſur les merites de la mort du Sauveur.

Chacune de ces figures eſt accompagnée de deux enfans.

La Magnanimité du Genie, & de ce Feu qui fait la vivacité de l'eſprit.

La Sageſſe de l'Eſprit, & du Raiſonnement.

La Penitence du Mépris du monde, & du Mépris de ſoy-même.

L'Eſperance Chrêtienne de l'amour divin, & du deſir du ſalut.

La Repreſentation eſt ſous le Portique, couverte du Poële de la couronne de drap d'or bordé d'hermines, avec la Couronne à fleur de lys, les Colliers des Ordres, & le Manteau de Prince. Du Plat-fond de ce Portique pend un Dais ſur la Repreſentation, rataché aux quatre Colonnes qui en portent l'edifice. Pour arracher à la mort un Prince qu'elle vient de nous enlever, l'Immortalité vole vers le Ciel, & y porte ſon image pour la placer entre les Aſtres, tandis que l'urne de ſes cendres brille encore de ce beau feu, qui anima ſa valeur.

Un grand Pavillon de guerre ſemé de fleur de lys & doublé d'hermine, s'étend du haut de la voute ſur la Repreſentation, & ſes pantes de plus de quatre-vingt aulnes de longueur ſe ratachent ſur les grands coſtez du Chœur pour couronner toute la Decoration.

Tout brille de lumieres lugubrement diſpoſées ſur les trophés de la Mort, ſur des cornets du Sommeil qui en eſt le frere & l'image, & ſur les corniches les frontons, & les retours de tous les corps d'Architecture.

F I N.

---

PErmis d'imprimer. Fait à Paris ce 10. Février 1687.

DE LA REYNIE.

www.ingramcontent.com/pod-product-compliance
Lightning Source LLC
LaVergne TN
LVHW021659080426
835510LV00011B/1490